WATERLINGS

Sculpture of a water creature unearthed near the Danube

WATERLINGS

Veno Taufer

*Translated from the Slovene
by Milne Holton and Veno Taufer*

A Bilingual Edition

Northwestern University Press
Evanston, Illinois

Hydra Books
Northwestern University Press
Evanston, Illinois 60208-4210

Originally published in Slovene in 1986 under the title *Vodenjaki* by
Državna založba Slovenije, Ljubljana. Copyright © 1986 by Veno Taufer.

Printed in the United States of America

ISBN 0-8101-1810-6

Library of Congress Cataloging-in-Publication Data
Taufer, Veno, 1933–
    [Vodenjaki. English & Slovenian]
    Waterlings / Veno Taufer ; translated from the Slovene by
Milne Holton and Veno Taufer. —A bilingual ed.
        p. cm.
    "Hydra books."
    ISBN 0-8101-1810-6 (alk. paper)
    I. Holton, Milne. II. Title.
PG1919.3.A9 V6413 2000
891.8'415—dc21

                                                    00-009921

Frontispiece photograph by Janez Pukšič, courtesy of Delo *and Mitja Meršol, editor
in chief, from a 1978 Ljubljana exhibit of statues found in Lepenski Vir*

Mami in očetu
For my mother and father

CONTENTS

EDITORS' NOTE

Around eight thousand years ago in Lepenski Vir,
along the Danube River on the Balkan Peninsula,
Neolithic artisans were at work creating stone sculp-
tures. Twentieth-century excavations unearthed these
figures, mysterious creatures that appeared to be half
human and half fish.

When Veno Taufer visited the Ljubljana exhibit of
the archaeological discovery, he was moved by the
statues' gaping mouths, their wide, staring eyes, and
their expressions of helplessness and horror. He called
the anthropomorphic creatures Waterlings and tried
to imagine what cataclysm had caused such fear and
pain: "Seeing these creatures, I wanted to give their
mute cry a voice. What could I do but give them my
own experience, that of a modern man?"

The voice Taufer gives the statues takes the form
of minimalist poetry combining folklore, myth, and
logic. In the poems, the Waterlings describe their cul-
ture and hint at the apocalyptic event—perhaps
nuclear war or ecological disaster—that resulted in
their disappearance.

For the Waterlings, self-destructiveness led to
chaos, loss of identity, and the extinction of a civiliza-
tion. Their words not only tell a story but also serve as
a warning to modern society.

WATERLINGS

Jeziki vodenjakov

The Tongues of the Waterlings

1

če pridere voda
kaj stori trava
rase če rase voda
kaj stori trava
narašča
kaj stori voda
vodén svet elektrike

1

if water rushes in
what does grass do
it rises if water rises
what does grass do
it rises
what does water do
that electric, watery world

The translations in this section are by Veno Taufer and Michael
Scammell.

2

če pridere elektrika
kaj stori zemlja
gorí če gorí elektrika
kaj stori voda
teče
v bosih kapljicah
po konicah trave

2

if electricity rushes in
what does earth do
it flashes if electricity flashes
what does water do
it runs
in barefoot drops
over the tips of the grass

3

če priderejo trave
iz ognjev zemlje
kaj stori voda
če teče trava
pljusne
če pljusne se sliši
elektrika v trdi temi vesolja
svet vodenjakov se sliši

3

if grass rushes in
out of the fires of earth
what does water do
if the grasses wave
it splashes
if it splashes
electricity is heard
in the dead dark of space
the water people's world is heard

4

ko prideremo elektroglavci
voda glave nam suče
čez zobe teče
kaj stori voda
nič ne reče
sveti skoz naše dupline
skoz ušesa prst posluša
skoz naša usta
trava steguje jezike

4

when we electroheads rush in
water turns our heads
it runs under our teeth
what does water do
it says nothing
it shines through our eye sockets
the soil listens through our ears
through our mouths
grass pushes its tongues

Molitve in igre vodenjakov

The Prayers and Games of the Waterlings

1

ljubi mati ne ljubi
sovraži mati ne sovraži
gleda voda ne gleda
globoko oko
bleščeče oko
ribje oko
na mehkem trebuhu

1

mother loves me loves me not
mother hates me hates me not
water watches watches not
deep eye
glittering eye
fish eye
on soft belly

2

vstaja
prihaja
zeva
ali prepeva
noben glas noben glas
vse okrog nas
diha
nas diha
dohití nas prehiti nas
diha
goreči mraz
dim vétrov
sopara jezika

2

rising
coming
gaping
or singing
no voice no voice
but all around us
breathing
breathing us in
catching us overtaking us
it breathes
blazing cold
smoke of the wind
the tongue's vapor

3

padi tvoje ime ki je visoko
vzdigni se tvoje ime ki je globoko
odpri usta ki so široka
bleščijo se tvoje oči
belijo zobje
pili bomo tvoje ime
ne tvoje ime popili
ne izgovorili môtno

3

all fall down with your names so high
all rise up with your names so deep
open up with mouths so wide
your eyes glitter
your teeth bleach white
we'll keep drinking to your name
but we'll not drink it up
we'll not speak it in vain

4

polna usta polne oči
zevajoče kosti
vrtinec v ušesih
vrte se lasje
telo odnaša
pod oblak duše

4

full mouth full eye
gaping skull
the ear's vortex
the whorl of hair
buries the body
beneath the cloud of the soul

5

teci teci dolgi čas
kratki čas kapljaj
grizi kamen glodaj kost
nazaj daj nazaj

5

slowly slowly
let the dull times run
let the good times drip
nibble the stone but gnaw on the bone
back   bring it back

6

tebi kapljo
meni kapljo
ta je vodén
an ban ven
ta pa posušen

6

a drop for you
a drop for me
this one is wet
like all fall down
that drop dried up

7

senca pase sape oblake
    dan redí

sonce rase sonce pade
    suho drevo

sonce gleda skozi luknjo
    siva miš

voda beži pod mušjo
    senco na dno

ta je debela vse bo vzela
    sedla bo na grom

oblak poka vodi gleda
    sonce iz trebuha

še bolj debela vse bo vzela
    še bolj suha

7

a shadow herds wind herds clouds
    breeds day

the sun rises the sun sets
    tree-dry

the sun stares through a hole
    mouse-gray

the water runs off
    beneath a fly's shadow

a fat shadow which drinks it all
    it will ride upon the thunder

the cloud breaks the sun stares
    out of the water belly

that fatter shadow drinks it all
    that drier shadow

8

kdaj videl bom sonce
ko videl bom morje
ko kamen iz glave pogleda
ko kamen zaplava
ko riba potone
ne bo videti brega

8

when will i see the sun
when i see the sea
when the stone looks out of my head
when the stone floats
when the fish drowns
and there is no shore in sight

Stoki in uroki vodenjakov

The Cries and Incantations
of the Waterlings

1

veter praprot maje
semena stresa
    reši nam telesa

veter temo tipa
pleza na drevesa
    reši nam telesa

veter v vodo stopa
ribam blódi očesa
    reši nam telesa

veter hudo stoka
na liste se obeša
    telesa naša meša

telesa naša meša
duše naše stresa v nas
    skoz blodne oči pleza

1

the wind sways the fern
it spreads its seed
    save our bodies

the wind caresses the darkness
it climbs up the trees
    save our bodies

the wind wades in the water
it brightens the eyes of the fish
    save our bodies

the wind moans sadly
and clings to the leaves
    save our bodies

it stirs our bodies
it shakes our souls down upon us
    through our ravening eyes
    it enters us

2

požrla sem
   trebuh me boli
      kje si kje si

okroglo
   globoko
      ki te ni

govoriš
   mi usta
      kriviš

2

i've swallowed you
and my belly aches
    where are you   where are you

you roundness
you deepness
    which is nowhere

your words
make mouth
    to twist

3

gleda me
    dan
imenovan sem
    izdan
smešen sem
    večen

3

looking at me
    the day
named i am
    betrayed
the absurd i
    thus i am always

4

gorati angelski koren
    tolst in debel
    reši se reši
zdrav in vesel
    ugriznjen ali popaden
    mili up
vŕti vsajen
    vrtí mili up
    moko smrti

4

hilly holy root
    big and fat
save yourself
    stay healthy and happy
bitten or beaten
    sweet hope
shoved in
    sweet hope spins
    death's flour

5

ne ena ne tri
ne dvakrat
    plamenkrat to
    valovkrat to
prav do plamena
    dol do vode tja
    daleč peskrat tja
do peska

5

not one not three
not two times
    flametimes these
    wavetimes these
straight to the flame
    down to the water there
    distant sandtimes there
onto the sand

6

tema rase
v očeh se pase
smeh
v zobeh sproti
prah
potí
iz prsti
na dlani
pŕsti

6

    the darkness grows
it grazes in the eyes
    at the same time
laughter
     feeds on the teeth
the sweaty path
    soils the palm
dust grows on the fingers

7

udaril
sem
jajce
podaril
nôči
luknjo
nosim
kamen
prosim

7

i
break
an egg
i give
the night
a black hole
i bore
a stone
i pray

8

iz belega senca pogleda z luknjami
speta bodi voda bodi
kamen izpljuni plamen

s te strani kaljena z druge
strani lepa bodi voda bodi
kamen izpljuni plamen

vsa v zarezah steguje se slepa
od sosede do soseda bodi voda bodi
kamen izpljuni plamen

z roko in nogo od soseda do sosede
s stokom in jokom bodi voda bodi
kamen izpljuni plamen

seva od smeha senca sega
bulji v luknji izgine bodi voda bodi
kamen izpljuni plamen ven gleda

8

through the whiteness the shadow peers
pinned by its darkness   be water be
stone belch fire

from this side muddied by the other
beautiful   be water be
stone belch fire

nicked all over it reaches out in blindness
from her to him   be water be
stone belch fire

by hand and by foot from him to her
in sighing and crying   be water be
stone belch fire

staring the shadow reaches from laughter
is lost in its vacancy   be water be
stone belch fire staring

9

v megli pojêna
prosi in se nosi
pri svetlobi šteje

kamen v vodi še
ne hodi ozebel mesec
grejem te v bokih

sejem te v vodi
ali zablodiš okoli
trda grba ribe

na tvoja ušesa
poslušam peresa
v tvoje ikre

grizem te pegast
umijem drevesast
pridem ti šepast

s hriba dol miga
kamen ziba zrase
priplava odplava

ne dobí z zobmi reža
požre ne zunaj ne znotraj kakor gre
skalna ko vzdigne se s poti

9

quenched by mist
it begs and bears itself
it counts by its light

yet the chilled moon a stone
can't walk there in the water
i warm you in my loins

i will sow you in water
so you won't wander
you hard hump of a fish

through your ears
i listen to feathers
within your spawn

i bite you speckled
i wash you treelike
i come limping to you

moving down from a hill
a rolling stone grows up
swims up   swims off

it can't catch with its teeth
it can't swallow as it goes
rocklike when growing it strays from the path

kratka beseda
    kamen brez korenja
velika beseda
    praprot brez cveta
sovražna beseda
    sapa brez drevesa
voda od dna do dna kólje
    kost s kostjo
dolgo duša dolgo pólje
    čez okroglo morje

10

short word
    stone without root

long word
    fern without flower

angry word
    breeze without tree

on bed after bed water cleaves
    a bone with a bone

a long soul is a long field
    a voyage over a round sea

Plesi in pesmi vodenjakov

The Songs and Dances of the Waterlings

1

je kaj trden
    ki je suh vodén
    tak brez strehe in sten

je kaj trden
    ki ni grd niti lep
    tak zlat in slep

je kaj trden
    ki se udira in upira
    tak vzdignjen umira

je kaj trden
    ki seje smrt
    tak zrahlja vrt

je kaj trden
    ki luknja mraz
    tak krvav ves čas

je kaj trden
    tak konec sveta
    ki obrnjen se ne spozna

je kaj trden
    ki trden
    tak je trden

1

does it stand firm
  not dry but wet
 without roof or walls

does it stand firm
  not fair nor foul
 golden but blind

does it stand firm
  it sinks but resists
 and rises to die

does it stand firm
  it sows true death
 a garden softening

does it stand firm
  it penetrates cold
 but always bleeds

does it stand firm
  it will end the world
 turning can't see itself

does it stand firm
  as firm as this
 this firm

In the Slovene folk song "Riba Faronika nosi svet," Faronika the
Fish bears the world on his back; someday he will turn on himself,
and the world will be destroyed.—TRANSLATOR

2

kje sem povsod
kje sem hudič
kje sem bog
kje sem ptič
kje sem miš
kje sem riba
kje sem šiba
kje sem gora
kje cvetokrogla
sem zgoraj spod
luknja sem
tukaj sem
tamkaj sem
križem sem
kražem kod
povsod plešem
pesem kje sem

2

where am i everywhere
where am i a fiend
where am i a god
where am i a bird
where am i a mouse
where am i a fish
where am i a stick
where am i a hill
where   a flower-ball
i am over under
i am a hole
i am here
i am there
i am over here
and over there
dancing everywhere
where am i, song

3

kje je v solzah
prav ta korak
kot vsak
kako sneži

kjer je v gorah
tali oblak
čez mah
kako molči

kjer je v vodah strah tih ljubkovan
prav tisti mrak
bledí
povsod lahak zaspi da se budi spi zrak

kjer je korak
prav tisti dih iz sanj ki vanj sinjí plah
diamant
od kod v rokah

ugasí prah
hladi čas
korak ta
fis v asfalt

kjer je glas
ki je prav tak
ko mah
je dlan čez nas
gre sebastijan

3

where is in the weeping
there at the step
like everywhere
oh, how it snows

where is in hills
it melts the cloud
over the moss
oh, how it is silent

where is in the water caressed in fearful stillness
that very darkness
fading
it sleeps in lightness to awake in air

where is this very step
the breath of azure dreams
becoming a shy diamond
from the where at hand

it quenches the dust
and it cools time
it is that step
that do re mi in asphalt

where is a voice
which is just like
when all the moss
is a hand above us
where Sebastian moves

Johann Sebastian Bach bore Saint Sebastian's name. —TRANSLATOR

4

oj uprta očesa
　　da belo se odpira
　　se črkasto zvijajo
　　gibka telesa
oj s sijočega lista
　　šepetajoč migajo
　　izpod peresa
oj jata kam skrita oj
　　v soparicah plesa oj

4

O the eye stares
    the white it bares
    letter white
    body so lithe

O whispering beckon
    from the shining leaf
    from beneath the pen

O flock, where are you hiding
    in the spume of the dance. O.

5

dolgo tiho
blizu se mudí

s soncem pride
z luno gre

s soncem na široko
z luno na globoko

z oblaki vmes
da je bolj zares

z luno pride
s soncem gre

blizu tiho
daleč se mudí

5

for a long time, silently,
nearby, it waits

it comes with the sun
it goes with the moon

with the sun far and wide
with the moon in deep

in between with the clouds
the more really to be

it comes with the moon
it goes with the sun

nearby, silently,
far away, it waits

6

sonce zgodaj vstane
in pleza na drevo
in senca prek poljane
mu raztaplja most
spušča se z drevesa
še enkrat gre okrog
po mostu svojega telesa
še v pozno noč kdaj plane
krik telo stopinja v pot
ki pretemní v prst se svod
zlita v blesku očesa

6

the sun gets up early
and climbs up a tree
its bridge across the plain
dissolves in the shadow

it climbs down the tree
it goes round once again
over the bridge of its body
yet late at night sometimes
a cry, a body, a step
flashes on its path

this darkens the sky into soil
fused in the shine of an eye

7

reke so zelene
na ravnem dnu stoje
polja preorana
kamni prhne

gozd je posekan
trske se belé
po tratah pokošeno
lise megle po tleh

gore brez vetra
kvišku mole
oblaki čeznje
še daleč vise

mesto je mirno
odprta krila vrat
na sence pada
luč dneva v prah

nebo brez ptic
po sivem zraku
neslišne praske
cufastih perutnic

7

rivers are green
they stand on flat bottoms
the fields are plowed
the stones are moldering

the wood is cut
white splinters are all around
the grass is mowed
patches of fog lie low to the ground

the mountains without wind
rise up high
clouds hang
far above them

the town is still
its door-wings are open
sunlight falls upon the shadows
into the dust

in the sky there are no birds
but in the gray air
are inaudible scratchings
of frayed wings

8

le pridi z glavó
le pridi z nogó
   naprej kar glej
   nazaj ne gre
      smehvek smehvek

tih ptič pel sladko
dolgega vrata dolgih nog
   nazaj kar glej
   naprej ne gre
      smehvek smehvek

čez goro in dol vroč
že mrzel naokrog
   naprej kar glej
   nazaj ne gre
      smehvek smehvek

iskre krešejo se od peres
grizel pa boš led
   nazaj kar glej
   naprej ne gre
      smehvek smehvek

za kostno vodo na kostno goro
gre dalje telo še bližje bo
   naprej kar glej
   nazaj ne gre
      smehvek smehvek

8

go on with your head
go on with your leg
    just look forward
    one can't go back
      laughcry   laughcry

the quiet bird sings sweetly
long of throat long of leg
    just look back
    one can't go forward
      laughcry   laughcry

over the mountain, the hot valley
cold now all around
    just look forward
    one can't go back
      laughcry   laughcry

out of the quills sparks are struck
but you must bite ice
    just look back
    one can't go forward
      laughcry   laughcry

over bonewater on bonehill
the body comes farther and closer
    just look forward
    one can't go back
      laughcry   laughcry

brez vode in brez ognja kuhani
možgani in srce da jih boli
   nazaj ptič naprej
   léže sred koščic
     smehvek veksmeh

without water without fire
the brain and the heart are baked to aching
    back, bird!   forward
   she lies among small bones
      laughcry   crylaugh

9

da ne bo krvi še čevlju za podplat
da ne bo še za smrt rokovnjač matijon
da ne bo bes sestradanih besed
za zlomljen noht v kost
da ne bo smrt zastonj
da ne bo pršec v brezvetrju
da ne bo kamen zdrizen
sprimek od mastnih smeti
smrt zastonj kot loj
ki pade z gobca psu
za podrtim plotom
da ne bo hlod
ki ga je zazidal mah
ki ga niti meket koz
ne spravi s sklenine vse zastonj
iz sline niti strah niti gnus

9

let there be no more blood on a shoe's sole
let there be no more dying for Matijon
let there be no wordless rage
for a fingernail driven back to bone
let there be no more pointless dying
let there be no more windless drizzle
let stone not turn to jelly
the jelly of greasy garbage
no pointless dying, like suet
fallen from a dog's jaw
behind a broken fence
let there be no log
strangled in moss
a moss which even bleating goats
can't scrape from the tooth
nor cleanse from the mouth
no dread nor nausea

This poem alludes to one of the most strangely beautiful of the
Slovene folk songs, which tells of how Matijon the Bandit, in
spite of his most terrible deeds—among them the killing of a
child—was given salvation because the sole of his shoe had been
soaked in Christ's blood.
    Many people were killed in Slovenia during and after the
Second World War, which has not often been acknowledged.
Here, Taufer alludes to these killings as well as to the folk
song.—TRANSLATOR

10

ladja gorí sredi mórja
ladja bela godna
vetru jambori se klanjajo
oj le naprej veslaj dokler je
še morja kaj

ladja množí valove delí
ladja oblake pen prši
globoko ribe se vozijo
oj le naprej lesketaj se dokler je
še morja kaj

ladja z boki bloje jug
tema sneži skozi njen trup
globoko ptiči krožijo
oj le naprej trepetaj dokler je
še morja kaj

ladja z rebri rano orje
globoko razmika zvezde v obzorje
oči globoko blodijo
oj le naprej sukljaj dokler je
še morja kaj

ladja valove daleč svetlí
skoz valove ladja daleč temní
telesa globoko stokajo
oj le naprej šepetaj dokler je
še morja kaj

10

a ship blazes in midocean
a ship, white and ready,
its masts bow to the wind,
oh, row on
till there's no more sea

the ship multiplies and divides the waves
the ship scatters clouds of spray,
the fish dive deep
oh, just glitter on
till there's no more sea

her flanks drive the south mad,
darkness snows through the hull,
makes crazed crows circle deep in the sky
oh, just tremble on
till there's no more sea

with ribs the ship plows in the wound
stars are pressed far back in the sky
the eyes wander deeply
oh, just roll on
till there's no more sea

the ship lights distant waves
beyond distant waves the ship darkens
bodies sigh deeply
oh, just whisper on
till there's no more sea

Many lines in this poem, including the first line and those in the
refrains, are from well-known Slovene folk songs.—TRANSLATOR

telo skoz rebra bije v telo
dolgo dno sega v temo
holmi peska vzdigajo se obračajoč
le oj štropotaj na dno dokler je
še morja kaj

body strikes body through the ribs
reaching toward the dark sea's floor
hills of sand rise gyring
oh, just shift on
till there's no more sea

Miti in apokrifi vodenjakov

The Myths and Legends of the Waterlings

1

še več vemo pa ne povemo
　iz krogov v krogih kroži

še več vemo pa ne povemo
　sebi zgine ko se v sebi loči

še več vemo pa ne povemo
　zmeraj večja vase zgineva

še več vemo pa ne povemo
　sebe se dotakne ko se prehiteva

še več vemo pa ne povemo
　bolj se oddaljuje tesneje obkoljuje

še več vemo pa ne vemo
　se okrog sebe skrije tu je

1

we know even more than we tell
 circles circling in circles

we know even more than we tell
 when dividing itself it loses itself

we know even more than we tell
 as it gets bigger it disappears in itself

we know even more than we tell
 in overrunning itself it touches itself

we know even more than we tell
 as it withdraws it tightens on itself

we know even more but we don't know
 that it hides in itself but it's here

2

v zeleni vesoljski mlaki
živijo pravi vodenjaki

vsi veliki so glavani
sami repki ko so zbrani

ogenj zemlja zrak in voda
poguba in up od rojstva so do groba

dan in noč njihova uteha
kadar se up s pogubo zmeša

solze gasijo kar se vname
pepel voda v zemljo vzame

in čaka nad izžgano mlako
kup nagrmadenih oblakov

regljajo kadar voda pada
regljajo kadar suša vlada

drug čez drugega regljajo
drug v drugega regljajo

pod zelenino vesoljske mlake
stegujejo vodenjaki krake

na vse štiri elemente igrajo
za pogubljene in rogate

2

in the green pool of the cosmos
live the real waterlings

they are all big heads
or wriggle-tails when massed

fire air earth water
their doom and their hope from cradle to grave

their daily consolation
when hope and fate are confused

fires quenched by tears
ashes drawn to the earth by water

above the parched pool
wait the heaped clouds

waterlings croak, water falls
they croak when the drought lasts, too

all at once they croak
they croak into one another

beneath the green pool of the cosmos
the water people spread their thighs

they risk the four elements
on their fate and their horns

3

na bregu je obstal na begu
in voda mu je mečkala podobo
kot lomila veje in njegovo roko
in ptiči so zavreščali v letu
krožeč nad šumečim lovom

kjer je na črepinje vetra
pisal med liste v vrtincih
s kriki in ptiči
svoje klice *brat sestra*
v prozorno prščeči govorici

motna voda je rekla
ko bom spoznala solzo po pesmi
v sebi kot ptica na veji
da ji je skoz grlo tekla
bova svêtla med nihajočimi drevesi

3

fleeing he stopped on the bank of a stream
the water wrinkled his image
his hand was like a broken bough
the birds shrieked in their flight
they circled around the rustling hunt

on the shards of the whirling wind
among the cries and the birds
he wrote on the whirling leaves:
brother sun, sister moon
as transparent, sprinkled words

the muddy water said,
when i know the tear by its song
when it passes through me like a song
through the throat of a bird on a bough,
then we'll shine among swaying trees!

4

bila je voda ki se je vrtela
vrtela da je pela
prišel je v blisku in gromu

ni dal žejnim piti
ne veselim govoriti
govoril je o potopu

v vrtincu središče je tajil
utapljajočemu ni pomolil
bruna iz svojega očesa

v vsakem sem in v vsakem si
riba ki beži ali za ribo biti
zver ki kroži uročena od plena

moč v tvoji je samoti
vanjo se potôpi
žejna bo tvoja žeja reka

veselo tvoje bo veselje veter
žalostne tvoje solze bodo zvezde
postal boš kar že si vesolje

os sveta skoz globočine položena
želja in up utopljena
spokojna duša in morje

4

once there was water which whirled
it whirled so much that it sang
he came in lightning and thunder

he gave none to the thirsty to drink
he gave none to the joyful to speak
he spoke then only of flood

the water was given no center
to the drowning he offered no mote
from the beam that is in his own eye

in all that I AM or you are
a fish fleeing or in pursuit
a circling beast spellbound by prey

seek the strength that is in your stillness
for you must plunge into it
thirsty your thirst is river

joyful your joy is a wind
sad your tears will be stars
you become what you already are

the cosmic axis goes deep
Wish and hope have drowned,
smooth lie the soul and the sea

The lines "Wish and hope have drowned, / smooth lie the soul and
the sea" (*Wunsch und Hoffen ertrank / glatt liegt Seele und Meer*) are
from Nietzsche's lyric "Die Sonne Sinkt."—TRANSLATOR

gladina naj miruje
da se stvarstvo ogleduje
sklonil se je in nagnila se je os

poševno je zdrsel s sveta
ki je hotel da bi si bil podoben
svet je bil in hudoben
ki do dna zaril je nos

žalost žeja lakota
tarejo vodenjake
gledajo v oblake
v oblake v oblake

let the sea's surface be calm
so creation can see of itself
then he bowed, the axis tilted,

and he fell away from the world,
he who wished to be like to himself,
who was wicked and who yet was holy
now he'd reached the bottom himself

sadness and thirst and hunger
torture the water people
and they look up to the clouds
to the clouds   to the clouds   to the clouds

potok gre za morjem za obzorje
zakaj si me zapustil
po potih pogledi nasproti
sprašujejo ko tujci

pot se obrača zavija izginja
sem te izgubil
v travah vejah koreninah
da te bom slutil

z mrakom mraz prihaja v vas
tudi pri drugih
naj potipam svoj obraz
ko se bom zbudil

veter vstaja in lega tu je ni ga več
kot bi nož vanj sunil
krči se telo sedemkrat in več
ko ga poljubim

tu in tam kažejo na bregu
zrna v stekleni kupi
ki se zaleskeče motno v pesku
da je zajel kdo v strugi

sonce gre skoz temo z gasnočim repom
kakor v temnih ustih
za vstajajočo mavrično besedo
vzdigujejo se vžgani upi

5

a brook follows the sea over the horizon
why hast thou forsaken me
on paths the approaching glances
inquire like strangers

the path turns, curves, disappears
have i lost you
so that i might feel you
in boughs, in grass, in roots,

the cold will visit us with the dusk
and others as well
let me touch my own face
when i awake

the wind rises and falls, it's here it's gone
as if stabbed by a knife
a body shrivels seven times and more
when i kiss it

here and there on the bank
is the testimony of grains in a glass cup
which glimmers dimly in the sand,
someone's ladle from the stream

the sun with its fading tail streams through the night
hope like a flame
trails the shining word
in a dark mouth

v tej uri ob zdravici čutim
oklepajoč posodo kako je
ko prisluškujejo vsi udi
zvezdni pesek poje

raising my glass now i feel
how it must be
when all the limbs listen
the starry sand sings

6

voda je odnesla
mater in očeta

po vodi smo spustili
svoje otroke

našo ljubezen smo
zalili z vodo

vse naše ognje
z neba popije voda

voda lista liste
naših knjig

vsi naši upi
plavajo na vodi

čakamo potopa
voda pridi
pridi nam do grla

6

the water has borne away
my mother and my father

we have left our children
drifting downstream

we have flooded our love
with water

the sky drinks up
all our fires

water turns the pages
of our books

all our hopes
are washed away

we await the flood.
come, water,
flow up to our throats

7

pred pogledom vse temnejša belina
zaliva ukrivljene roke
kriví se nebo in kriví noč
beseda se kriví in glasba se kriví
in krivec je kriv
skrivljen pod vedrom
če se bo veter skrivil
če se znižale gôre
zvišale doline
devete ne bo
ne za krivim obzorjem
ne pod skrivenčenim slojem
ne bo se krivilo pobočje
kjer po poplavi
bi zaškrtalo ukrivljeno rebro
bi ladjo privezal
za pobeljeno skrivljeno vejo

7

before my gaze a darkening whiteness
floods my twisted hands
the sky twists, the night twisted
twisted the word, the music twists
the twisted one is to blame
he is twisted beneath a bucket
if the wind twists
if the mountains fall
if the valleys push themselves up
there won't be that ninth one
beyond the crooked horizon
or beneath the twisted layers
there won't be the slope
after the flood
for the twisted keel will cry out
i would tie my boat
to a twisted white branch

8

vsem naokrog vam povem
zravnane bodo moje besede in moja groza

prišel bo čas ko bo voda sita molitev in ploditev
ko bo voda zravnala svoje kroge

to bo vlada leda
vlada trde vode

trda vlada zravnanega kroga
ko bo čas molitev ognja
mrzlih ploditev gorečega sonca

skoz oglati kristal
se bo lomila
prerokba kroga

v motne in ravne vode
obzorja

8

to all of you everywhere i would speak
and my words and my horror would be flattened

one day the water will be fed up with prayers and
               fructifying
then the water will straighten its circles

and the reign of ice will come
the reign of the hard water

the hard reign of the straightened circle
then the prayers will be fire
the fire of cold begettings in a blazing sun

in a quartz crystal
the prophecy of the circle
will fall into pieces

into the flat muddy water
of the horizon

Spomeniki vodenjakov

The Monuments of the Waterlings

1

lovil
kaplje
živ
kamen

1

drops
caught
by living
stone

2

zdaj zelen
zdaj leden
neizrečen zdaj tu
prej ognjen ali potem
govorjen zdaj nem
v krošnji ust

2

now green
now icy
unuttered
but here
of the fire or after dumb
in the roof of the mouth

3

v dolinah megla včasih v višinah
včasih veter prebira liste
stopinje včasih pesek
ne hčere ne sina
z jeziki vlaži

3

sometimes there is fog in the valleys
sometimes in the hills
the wind sometimes reads the leaves
sometimes footsteps sometimes the sand
neither daughters nor sons
licked by tongues

4

kod pot potil si tod
v brazgotine biserovine
oslinjeno obzorje
obrača se za tabo
leze pred tabo
odspod polžje pot
iz temnine in jasnine
molk nese v polje
črepinje v čipke veze
bele presojne sonce
sije med cvetje in plevele
kam nese pot rog na
    levo stegnjen na desno
    rog bleščeče nočen

4

where is the path wet with sweat
with scarred pearliness
a beslavered horizon
turns behind you
crawls before you
below you the snaily path
both bright and dark
carries its silence into the fields
the broken glass is woven into lace
the white transparency of sun
shines on both flowers and weeds
where does the path take them,
    the left horn reaching out,
    the right black, gleaming as the night